forever in my heart

forever in my heart

forever in my heart

forever in my heart

forever in my heart

forever in my heart

forever in my heart

forever in my heart

forever in my heart

forever in my heart

forever in my heart

forever in my heart

forever in my heart

forever in my heart

forever in my heart

forever in my heart

forever in my heart

forever in my heart

forever in my heart

forever in my heart

forever in my heart

forever in my heart

forever in my heart

forever in my heart

forever in my heart

forever in my heart

forever in my heart

forever in my heart

forever in my heart

forever in my heart

forever in my heart

forever in my heart

forever in my heart

forever in my heart

forever in my heart

forever in my heart

forever in my heart

forever in my heart

forever in my heart

forever in my heart

forever in my heart

forever in my heart

forever in my heart

forever in my heart

forever in my heart

forever in my heart

forever in my heart

forever in my heart

forever in my heart

forever in my heart

forever in my heart

forever in my heart

forever in my heart

forever in my heart

forever in my heart

forever in my heart

forever in my heart

forever in my heart

forever in my heart

forever in my heart

forever in my heart

forever in my heart

forever in my heart

forever in my heart

forever in my heart

forever in my heart

forever in my heart

forever in my heart

forever in my heart

forever in my heart

forever in my heart

forever in my heart

forever in my heart

forever in my heart

forever in my heart

forever in my heart

forever in my heart

forever in my heart

forever in my heart

forever in my heart

forever in my heart

forever in my heart

forever in my heart

forever in my heart

forever in my heart

forever in my heart

forever in my heart

forever in my heart

forever in my heart

forever in my heart

forever in my heart

_____

_____

_____

_____

_____

_____

_____

_____

_____

_____

_____

_____

_____

_____

forever in my heart

forever in my heart

forever in my heart

forever in my heart

forever in my heart

forever in my heart

forever in my heart

forever in my heart

forever in my heart

forever in my heart

forever in my heart

forever in my heart

forever in my heart

forever in my heart

forever in my heart

forever in my heart

forever in my heart

forever in my heart

forever in my heart

forever in my heart

forever in my heart

forever in my heart

forever in my heart

forever in my heart

forever in my heart

forever in my heart

forever in my heart

forever in my heart

forever in my heart

Made in the USA
San Bernardino, CA
15 December 2019